本当に使える BCPは シンプルだった。

経営者のための3つのポイント

池田 悦博

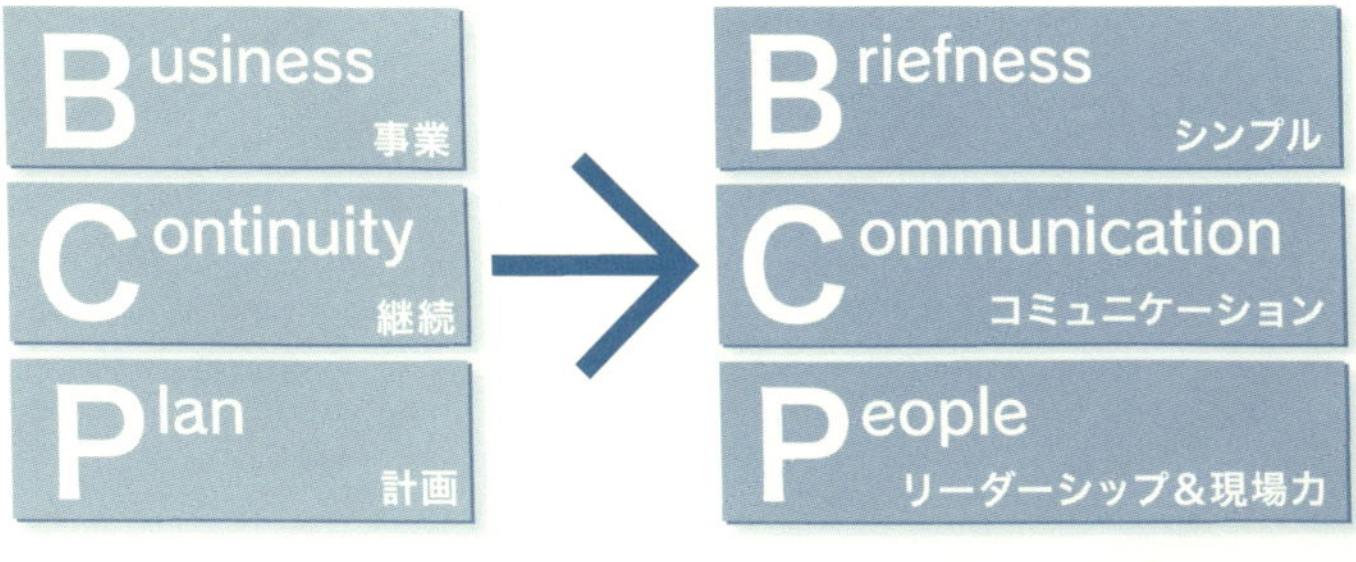

税務経理協会

★本書の構成

本書は六つの章で構成されています。

序章では、これまでのＢＣＰ支援から散見される**ＢＣＰの共通課題**について紹介しています。

第１章から第４章では、共通的課題に対する**具体的な解決手段**について記載しています。

最終章では、**ＩＳＯ２２３０１や業種ごとのガイドラインなど各種フレームワーク**を参考情報として紹介しています。

フレームワークはそれなりに重要です。ただし、**フレームワークは、人間のフットワークを活かせなければ意味がありません**。危機の時にはなおさらで、「人間の力」が問われます。それを前提に、**フレームワークに使われずに、しっかりと使いこなす**ことが重要です。フレームワークを使いこなすためのポイントを第１章から第４章で紹介しています。

★本書の使い方

第1章から第4章では、各章の冒頭で現状診断のためのチェックリストを用意しています。読者にとって必要な課題についてのみ対応策を認識できるように、チェックリスト内の各番号は、各章のサブテーマの番号と一致させています。

それでは、フットワーク軽く、一緒に本文に入っていきましょう。

目次

第2章　Briefness　シンプルなマニュアルを作ろう　33

序章

弁当箱だけ用意して満足していませんか？

1 BCPとは

BCP（Business Continuity Plan＝事業継続計画）とは、企業などの組織が自然災害や大火災、テロなどの緊急事態において、事業の早期復旧・継続を可能にするための計画です。具体的には、

①事業への**損害（人、モノ、情報など）**を**最小限**に抑え、
②優先度の高い重要業務の**継続と早期復旧**を**可能とするため**に、
③**平時に行うべき訓練**などの活動や、
④緊急時における**業務継続のための方法と手段を定めます**。

★ＢＣＰと防災計画の違い

ＢＣＰと防災計画の違いは何でしょうか。

従来からの防災計画は①に当たります。防災計画は、安全確保や資産保全といった防災と初動に特化しています。施設の耐震化、防災設備、防災訓練しかりです。いわば、防災計画は、**対策という予防**に重点を置いています。

一方、ＢＣＰは従来からの防災計画を包括しつつ、危機発生後の事業継続のための**対応力を備える**ことに主眼が置かれていることが大きく異なります。

ＢＣＰとは、どんな悪い状況にでも機能するフットワーク（対応力）を養っておくこと、といってもよいのではないでしょうか。

★ＢＣＰの特徴は大きく三つある

ＢＣＰの特徴は大きく三つあります。一つ目の特徴は、ＢＩＡ（Business Impact Analysis＝ビジネスインパクト分析）という手法により、**「重要業務」に絞り込んだ復旧・継続対応**を行う点です。

企業は大災害などで被災しても、時間をかければ大抵は復旧されるものです。ただし、一度にすべての業務を復旧させることは現実的ではありません。そこでＢＣＰでは、この**ＢＩＡという手法により、次の四つを行います。**

▽すべての業務ではなく、原則、重要業務の継続のみに限定する
▽重要業務の継続に関わるボトルネック（阻害要因）を洗い出す
▽ボトルネックに対して、対応策を策定する
▽重要業務の復旧レベルと復旧時間の目標値を設定する

二つ目の特徴は、ＢＩＡにおいて**重要業務の範囲を**自社のみならず、自社業務に関

連する**サプライチェーンまで広げる**点です。先の東日本大震災では、ＢＣＰの課題として、まさにこのサプライチェーン対応というものがクローズアップされました。ＢＩＡとサプライチェーンについては、第1章で紹介します。

そして三つ目の特徴は、**定期的にＢＣＰに関わる訓練を行い、計画の実効性・実用性について評価・改善することを重視**している点です。ＢＣＰが、往々にＢＣＭ（Business Continuity Management＝事業継続管理）とも呼ばれる所以です。「Management」とは、ＰＤＣＡ（Plan・Do・Check・Act）という一連のマネジメントサイクルを指しており、ＢＣＰはあくまでもその一部分でしかありません。

簡単にいえば、**計画策定だけで訓練なしのＢＣＰでは、本当のＢＣＰとは言えない**のです。訓練については、第4章で詳しく紹介します。

★BCPのフレームワーク

「フレームワークからフットワークへ」が本書の趣旨ですが、まずは、どんなフレームワークがあるのかを紹介します。

二〇〇一年九月十一日の米国同時テロ以降に広く普及したBCPは、そのフレームワークについて多くのガイドラインが各国で公表されています。代表的なものとしては、世界中のBCPのベストプラクティスをもとに策定された英国規格協会のBS25999と、それをベースに二〇一二年五月に発行された国際規格の**ISO22301**があります。ともにISO9001やISO14001のような**認証規格**となっています。

日本においては二〇〇三年に、日本銀行から「金融機関における業務継続体制の整備について」として、BCPのガイドラインが公表されました。

その後、二〇〇五年に経済産業省からガイドラインが公表されました。それ以降には内閣府から「事業継続ガイドライン」と中小企業庁から中小企業向けのガイドラインがそれぞれ公表されています。

これらの中央官公庁からのガイドライン以外にも、各地方自治体や業界から独自のガイドラインが公表されています。例えば大分県では、ホームページ上で業種別ＢＣＰ事例集（製造、運輸、建設）を公表しています。業界団体においても、建設業や不動産などでＢＣＰのガイドラインが公表されています。

これらの全般的なリスクを想定したＢＣＰに加え、「特定のリスクを想定したＢＣＰ」もあります。例えば、国際製薬団体連合会では、致死率の高い新型インフルエンザを想定した「国際的な製薬産業における業務継続計画」を公表しています。代表的なフレームワークは、最終章にて紹介します。

2 よくあるBCPの課題
——弁当箱だけ用意して満足していませんか？——

BCPでは多くのガイドライン（＝フレームワーク）が公表されていますが、BCPが正しく機能しているとは言い難い状況かも知れません。実際、東日本大震災を受けて、BCPの見直しを進めている企業が多くあります。主要企業の約九割が東日本大震災後にBCPの策定や見直しに取り組んでいる、との調査報告もあります（日本経済新聞　二〇一二年三月十一日）。

あるBCPのガイドライン策定に携わった公官庁の担当官が、東日本大震災後にこんなことを言っていました。

「あれは単に弁当箱でしかないんだよ。」

★弁当箱だけ用意して満足していませんか？

わたしは、ＢＣＰの見直し支援を多く行う中で次のことをたびたび感じます。

弁当箱だけ用意して満足していませんか？

弁当箱だけ用意しても、中身が満足できる美味しいものでないと台無しです。ＢＣＰでも同じで、検証してみると、見事なまでに次の共通課題があります。

①　ＢＣＰのマニュアルが使いにくい（例えば分厚い割にモレが多い）
②　初動対応が不十分（主に初動におけるコミュニケーションの確立の不備）
③　危機における対応方法について周知徹底されていない（教育・訓練の不備）

3 課題解決のポイント

弁当箱からの脱却は簡単です。前述の共通課題に対して、「ようはＢＣＰとは何なのか？」という俯瞰的な観点で、単純に考えることです。

① 使いやすいマニュアル ➡ シンプルなマニュアル＝Briefness
② 初動を重視 ➡ コミュニケーションの確立＝Communication
③ 役職員の対応力 ➡ リーダーシップと現場力を活かせる仕組み＝People

簡単でしょう？ 本書では、この三つのエッセンスに沿って、ＢＣＰへのアプローチを紹介します。

■ これからの BCP のポイント

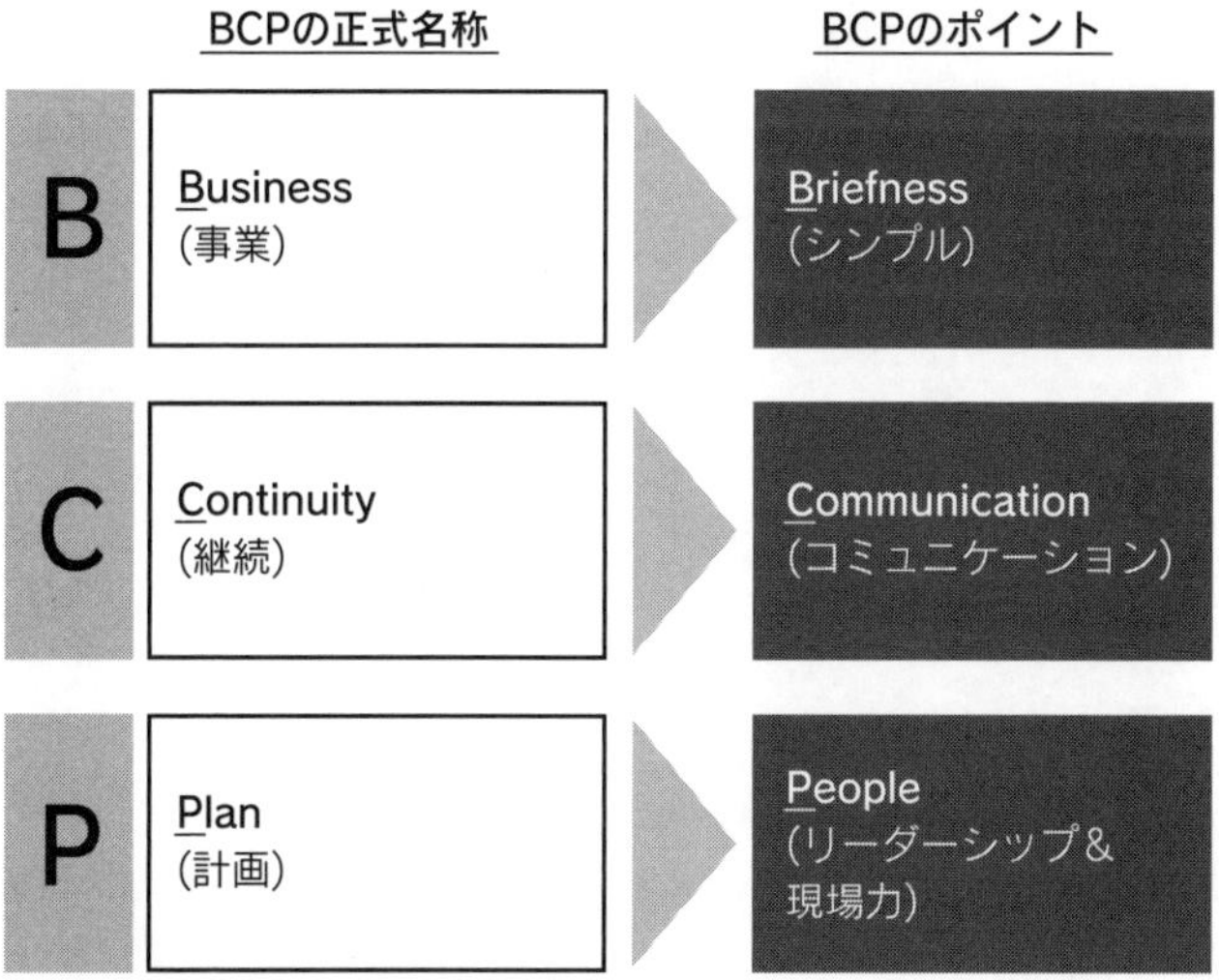

※BCP（Briefness・Communication・People)™　by Etsuhiro Ikeda

第1章

Briefness

内容を絞ろう

はじめに

本書では、Briefness（シンプル）の基本を次のようにまとめて解説します。

① 内容を絞る
② 必要な人が、必要なモノを、必要な時に使えるようにする
③ 図表を使い、わかりやすくする

右記のうち、本章では①について、「結果事象アプローチ」と「B-A」（Business Impact Analysis＝ビジネスインパクト分析）の二つの方法により、うまく内容を絞り込むことを紹介します。
②と③については、第2章で解説します。

▶現状診断 1

	YES	NO
1. 原因事象の違いに関わらず、結果事象である「経営資源の不足」という観点から BCP を策定している	□	□
2. 優先的に継続、あるいは復旧させる中核業務や社会的影響度の高い重要業務に絞り込んでいる	□	□
3. 重要業務ごとに、ボトルネックとなる経営資源（情報システムや人員など）が洗い出されている	□	□
4. 重要業務ごとに目標とする復旧レベルと復旧時間を、達成可能な範囲で定めている	□	□

1 結果事象アプローチ

――原因事象から結果事象へ発想を転換する――

「地震」や「津波」などの原因事象に応じて、別々のＢＣＰを策定していませんか？

原因ではなく結果事象に着目すると、もっとシンプルなＢＣＰが可能になります。

★原因事象アプローチとは

原因事象アプローチとは、「地震」「火災」「風水害」などのシナリオごとに、別々のマニュアルを策定することをいいます。**主に防災計画で使われます。**

このアプローチには二つの問題があります。第一に、**マニュアルの数がシナリオの数だけ膨大になってしまう**こと。地震ＢＣＰ、インフルエンザＢＣＰ、原発事故ＢＣ

Pなどです。

第二に、**マニュアルにない事象が起こったときに「想定外」となってしまうこと**です。例えば、東日本大震災のように地震、津波、原発事故、長期停電など複合的に起こる場合に「想定外」となってしまいます。

災害はどんなに想定しても、なぜか想定外の内容や規模になるものです。

★結果事象アプローチとは

一方、結果事象アプローチとは、**原因の違いに関わらず、起こる結果は共通している**という観点に立って対応を行うことをいいます。

図表1―1で示しているのは、原因事象と、その結果として起こる結果事象の関係を表しています。よく見ると、原因はたくさんあるけれども、事業経営の視点からすれば結果的に起こることは、社員が出社できない（人員の不足）、施設や設備が使えない、あるいはＩＴが使えないなど、共通の結果となります。

関わらず、起こる結果は共通している

（シナリオ）
地震
風水害
火災
重大感染症（インフルエンザ）の蔓延
ハードウェア障害
ソフトウェア障害
ネットワーク障害
関連設備（電源、空調）の障害
電源供給の停止・長期停電
通信回線の障害
交通の途絶
情報システムの誤操作
社内インフラの誤操作
建物の破壊
生物兵器テロ
爆破予告等の脅迫電話
強盗・不審者の侵入
情報システムの論理的破壊・改竄

結果事象
社員の出社不能（人員の不足）
施設・設備の利用不能
情報システムの利用不能

■ 図表 1-1 **原因の違いに**

原因事象		
偶発的な脅威	災害	広域災害
		局所災害
	障害	情報システムの障害
		社内インフラの障害
		社会インフラの障害
自発的な脅威	過失	誤操作
	故意	物理的犯罪行為
		サイバーテロ行為

★経営資源の不足を前提にＢＣＰを組み立てる

先の東日本大震災で被災された仙台銀行で、**ＢＣＰを担当した**リスク管理室長の吉田氏いわく、

「（今後は）地震や津波の規模よりも、災害で発生する事象や不具合に焦点を当てたい」（ニッキン、二〇一二年一月一三日版より）

地震や津波など数ある原因事象の違いに関わらず、「経営資源の不足」という観点からすると、結果事象の数は限られます。つまり情報システム、要員、施設・設備などの機能停止や不足について対応することがポイントです。

例えば、「システムが長時間ダウンしてしまった時の対応は？」「従業員が半数しか勤務できなかった場合の対応は？」などです。

結果事象の観点からＢＣＰを策定することで、最小限の対応が可能となります。

■ 図表 1-2　**結果事象による対応の例**

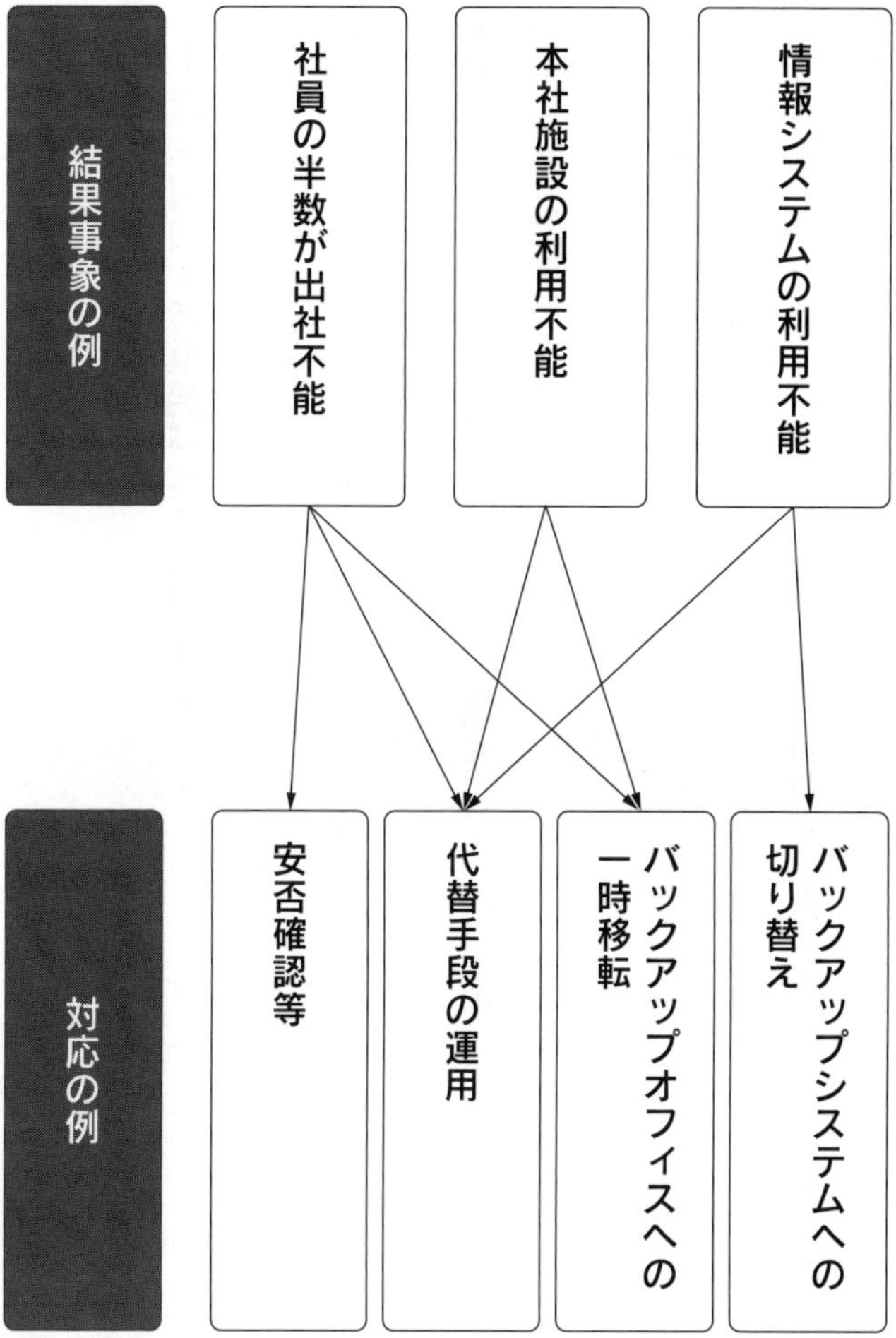

2 ＢＩＡ

――優先復旧する重要業務を特定する――

★ＢＩＡがなぜ重要なのか

ＢＣＰでは、ＢＩＡ（Business Impact Analysis＝ビジネスインパクト分析）というアプローチを使い、経営上優先すべき重要業務やラインをあらかじめ特定しておきます。**重要業務の決め方は、収益面などの定量面と、社会的に影響の大きい業務などの定性面などから判断**します。

ＢＩＡでは、組織の業務についてモレなく洗い出し、その中で重要業務を決定の上、各重要業務の継続、あるいは代替手段に最低限必要な経営資源を洗い出します。

前述の「結果事象アプローチ」により特定した経営資源の不足状況において、例えば情報システムが利用できない場合や、必要な人員数が確保できない場合を想定し、重要事業の継続方法や復旧タイミングについて合理的に決定するわけです。

■ 図表 1-3　BIAの手順

Step 1：自社の業務と必要な経営資源を洗い出す

Step 2：優先的に復旧が必要となる重要業務を特定する

Step 3：重要業務に対する各業務等の相互依存関係を考慮し、ボトルネックと影響を見積もる

Step 4：影響度に応じた目標復旧レベルと時間を設定する

Step 5：適宜、目標復旧時間達成のための投資を実施する

3 ＢＩＡ
——ボトルネックを分析する——

ＢＩＡでは、優先的に継続あるいは復旧させる業務を決定するだけではありません。結果事象アプローチにより設定した次のような「ボトルネック」とその影響を特定し、それに対してどう手だてを取るかを立案します。

▽各種システムや他業務との関連性とその影響
▽他に代わりがいない「特定の要員」（キーパーソン）や優先復旧業務に係る必要最低要員数
▽施設や建物の必要性とその影響
▽サプライチェーン（重要取引先や業務委託先）などの社外リソースの影響
▽社会インフラ（特に電力）に影響を受ける経営資源と重要業務の関係

これらのうち、特に注意したいのがＩＴシステムとキーパーソンです。

★ＩＴシステムの影響

ＩＴシステムの影響は最優先で考慮する必要があります。特に大手企業では、システムが復旧しなければ受注もできず、手動による対応ではとても業務継続は不可能、ということもあり得ます。

★キーパーソン

もう一つ重要なボトルネックは**人**です。これは意思決定に関わる責任者という意味だけではありません。例えば、パート従業員がキーパーソンであるケースもあります。東日本大震災で被災したある地方銀行では、家族のいる女性パート従業員の多くが出勤できませんでした。代わりに、不慣れな一般行員が事務処理をしなければならず、苦労したという例があります。

4 BIA
——目標復旧時間と投資——

危機発生時において最も不足する経営資源は時間です。

時間は誰にでも一日二四時間与えられています。したがって時間を有効に活用すれば、この経営資源を最大限活用することができます。そこでBIAでの目標復旧時間の設定がポイントとなります。

目標復旧時間を設定するメリットは主に二つあります。**第一に、迅速な復旧を促します。人間は明確な目標を持つことで対応力が増します。**

第二に重要なのは投資判断です。

例えば、製薬企業で人命に関わる特殊な薬を製造している場合、その薬の供給を止めるわけにはいきません。目標復旧時間は何日もないかもしれません。平時からの在庫の積み増し、保管場所の分散化、製造場所の二重化、物流ルートの複線化などの投資が考えられます。

いずれにしても目標復旧時間の設定で留意したいのは、**「単なる目標値」ではなく、**業務や経営資源の依存関係などのボトルネックを考慮した上で、**「達成可能な目標」である必要があります。**

ある大手メーカーでは、非現実的な目標復旧時間を設定したため、東日本大震災時では対応がゴテゴテにまわり、パニック的な状況になった例もありますので注意が必要です。

シートの例

要員		施設・設備								情報システム						委託先等						
		施設				設備・備品等																
緊急時に最低限必要な人数	キーパーソンの有無	本社	●●工場	物流センター	●●支社	携帯電話	…	電話・ファクシミリ	テレビ会議システム	個人PC	SAPシステム	受発注システム	コールセンターシステム	…	メールサーバー	卸業者	運送会社	データセンター	●●倉庫システム	…	資材調達先	製造委託先
※別表で整理	※別表で整理		●								●										※別表で整理	※別表で整理
1	有		●	●							●	●							●			
1 業務委託：12	有（2名）		●	●							●					●	●		●			
1	無	●			●	●				●												
3	無	●		●						●	●	●	●		●	●		●	●			
1	無	●		●						●	●	●			●	●		●	●			

■ 図表 1-4 BIA

カテゴリー	機能	業務内容	目標復旧時間		所管部署	
			目標復旧時間	設定理由	本部	責任者 副責任者
基幹業務	製品供給機能	製品製造	●日以内		●●本部	
		在庫管理	●日以内		●●本部	
		物流	●日以内		●●本部	
	顧客対応機能	卸業者への連絡	●時間以内		●●事業本部	
		クレーム処理／回収	●時間以内		●●事業本部	
		受発注	●時間以内		●●事業本部	

省略

コラム1

―サプライチェーン―

ボトルネック分析で見落としがちなのが、社外リソースを伴うサプライチェーンの影響です。東日本大震災では、いかにそれが業務継続の上で重要であったかは記憶に新しいところです。そしてＢＣＰの中で最も難しい問題でもあります。

サプライチェーンについては、**ＢＣＰによる事後の対応というよりは、平時からの対策がポイント**になります。部品・原材料の調達先との緊急時における契約の有無、生産ライン・設備の代替性、外注委託生産の可能性、部品・製品の在庫管理および物流・サービスに関して検討します。サプライヤーについては、次の項目が検討のための例としてあげられます。

□　部品・材料ごとにサプライヤーを明確にしているか

□単一のサプライヤーに依存している部品・材料を明確にしているか
□単一のサプライヤーから供給を受けている部品・材料の代替サプライヤーを明確にしているか
□各サプライヤーの主要な部品・材料供給もと（仕入先）を明確にしているか
□部品・材料の仕様、仕入先を選定する基準・認定手順を明確にしているか（代替の部品・材料を明確にしているか）
□重要なサプライヤーでのＢＣＭ体制を確認しているか
□契約により、緊急時における許容可能な製品納期・サービス停止時間・サービスレベルが規定されているか

なお、サプライチェーンとは無縁のような**非製造業でも油断は禁物**です。例えば、東日本大震災で被災したある銀行では、店舗警備やＡＴＭなどの外部委託先との連携が課題になりました。また他の銀行では、何よりもバイク便がなくて困ったとのことです。

第2章

Briefness

シンプルなマニュアルを作ろう

はじめに

――これは辞書か！――

「これは辞書か！」ある大手メーカーのＢＣＰ担当者が、東日本大震災時にＢＣＰのマニュアルを使った際の感想です。分厚いマニュアル。中身は辞書のような記述。緊急時にそんなものが何の役に立つのか、と思ったそうです。

緊急時に使うマニュアルは、できればないほうがいい。それでも用意するなら、可能な限りシンプルにすべきです。

本章では、シンプルなマニュアルを作成するために次のポイントを紹介します。

▽**必要な人が、必要なモノを、必要な時に使える**ようにする
▽**図表を使い、わかりやすく**する

▶現状診断 2

	YES	NO
1. BCPは、平時に使う基本方針と、緊急時に使う基本手順に分け別冊にすることで、緊急時に使いやすくしている	□	□
2. 緊急時に使うマニュアルにはフローチャート等を用い、全体の流れや他の担当者との関連性を直観的に理解し、行動できるようにしている	□	□
3. 緊急時に使うマニュアルには、誰が何を、どのように行うかを網羅的かつシンプルに把握できるようにしたチェックリストを用いている	□	□

1 必要な人に、必要なモノを、必要な時に
――別冊で対応する――

ＢＣＰの構成は使いやすさを優先します。本書では三段構成のケースを紹介します。

（１）基本方針（全社共通）

ＢＣＰの目的、対象範囲、前提条件、対応方針など業務継続に関する基本的な考え方をまとめた文書です。注意する点は、**災害時にはほとんど使わない**ということです。

（２）基本手順（全社共通）

発動基準、緊急対策本部の設置や事業の継続・復旧などに関する基本的な手順を記述したものです。**災害時に使用するため、フローチャートやチェックリストを中心に簡潔にまとめたもの**、ということに留意してください。

（3）個別マニュアル

部門・チーム単位で、具体的な行動について記述したマニュアルやチェックリスト類です。主な内容は暫定復旧時に使う、手作業などによる代替手段やシステム切替えについての文書となります。

これらの三つの文書に加え、関連するマニュアル類として次のものがあります。

★シナリオ別マニュアル

ＢＣＰの関連文書として、原因事象（シナリオ）別に、主に**防災対策や初動対応について簡潔に記述した文書**があります。これらは、従来からの防災計画の一部です。

★緊急携帯カードと教育・訓練計画

後述する**緊急携帯カード**（第３章で解説）や**教育・訓練計画**（第４章で解説）なども、ＢＣＰでは必須アイテムといえます。

BCPの構成例

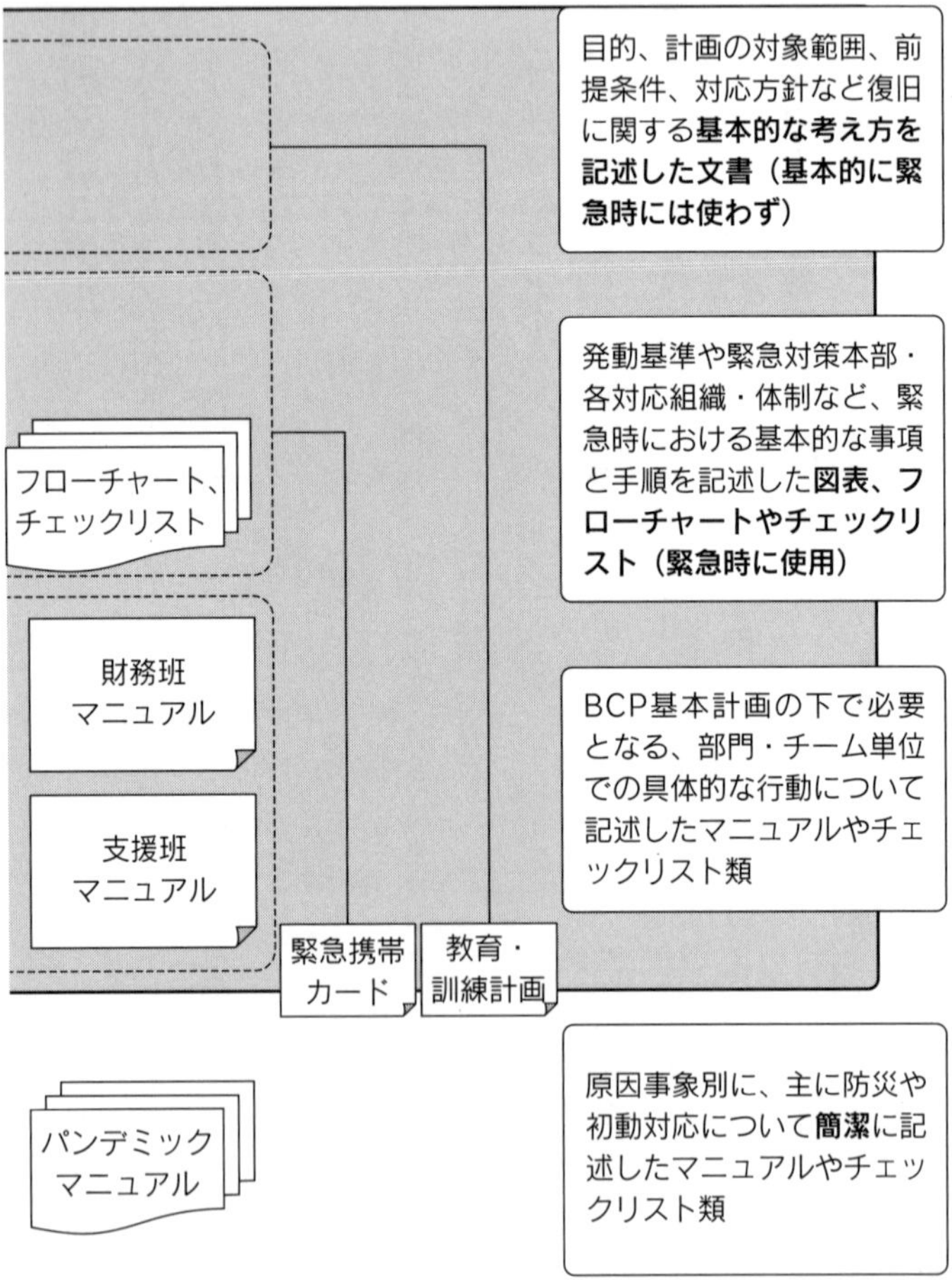

フローチャート、チェックリスト
財務班マニュアル
支援班マニュアル
緊急携帯カード
教育・訓練計画
パンデミックマニュアル
目的、計画の対象範囲、前提条件、対応方針など復旧に関する**基本的な考え方を記述した文書（基本的に緊急時には使わず）**
発動基準や緊急対策本部・各対応組織・体制など、緊急時における基本的な事項と手順を記述した**図表、フローチャートやチェックリスト（緊急時に使用）**
BCP基本計画の下で必要となる、部門・チーム単位での具体的な行動について記述したマニュアルやチェックリスト類
原因事象別に、主に防災や初動対応について**簡潔**に記述したマニュアルやチェックリスト類

■ 図表 2-1 シンプルな

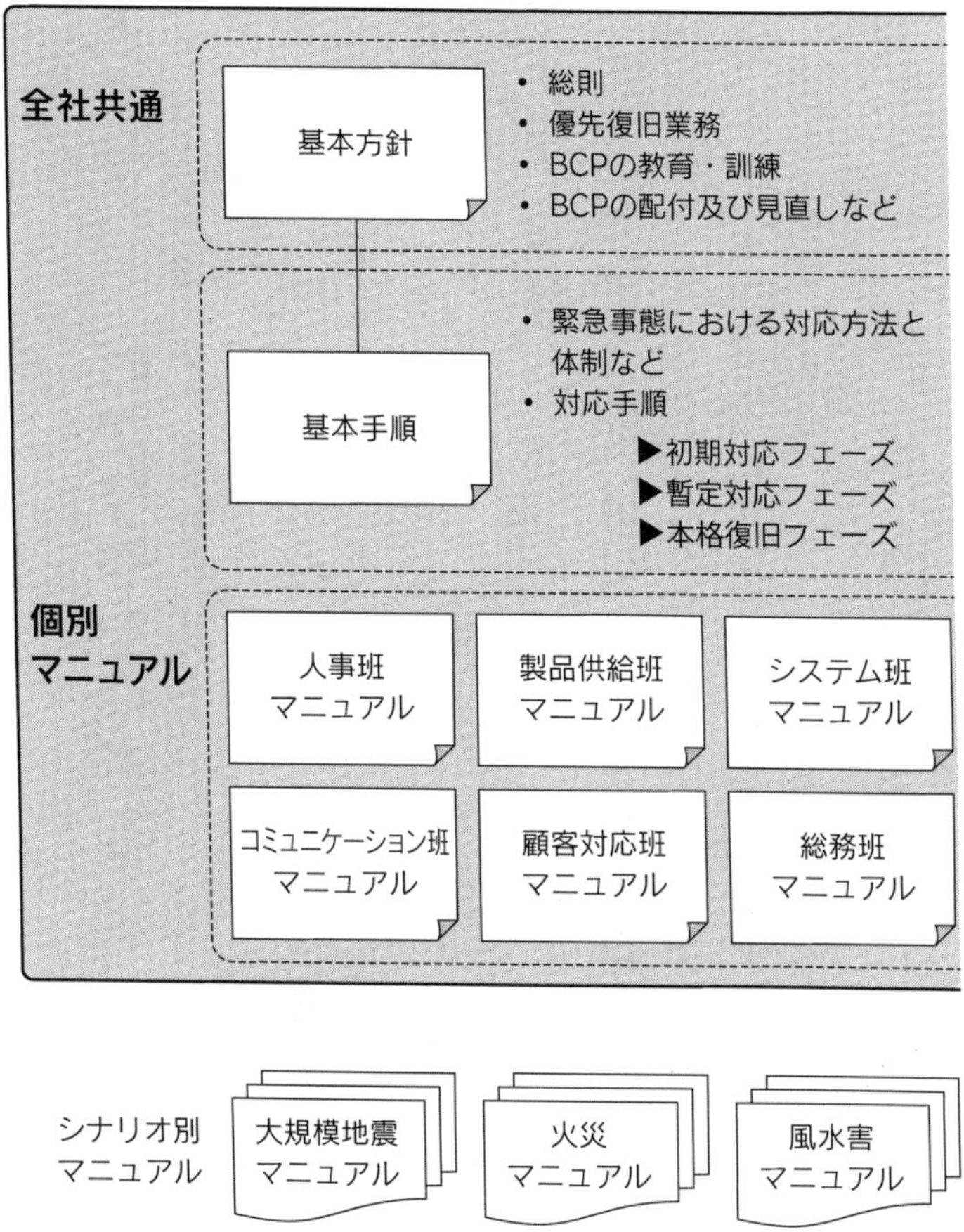
全社共通
基本方針
・総則
・優先復旧業務
・BCPの教育・訓練
・BCPの配付及び見直しなど
基本手順
・緊急事態における対応方法と体制など
・対応手順
▶初期対応フェーズ
▶暫定対応フェーズ
▶本格復旧フェーズ
個別マニュアル
人事班マニュアル
製品供給班マニュアル
システム班マニュアル
コミュニケーション班マニュアル
顧客対応班マニュアル
総務班マニュアル
シナリオ別マニュアル
大規模地震マニュアル
火災マニュアル
風水害マニュアル

2 図表を使い、わかりやすくする

――フローチャートでまとめよう――

緊急時の対応では、**直観的に理解し、すぐに行動に移せることが重要**です。直観的に使えるということは、「考える」必要性をなくすということです。その点で、フローチャートやチェックリストほど使えるものはないでしょう。

★フローチャートの利用

BCPでは緊急時の初動に加え、初期対応（役職員の安否や被害状況の確認、災害対策本部の立ち上げ、暫定方法の決定など）、暫定復旧対応、本格復旧の三フェーズがあります。そのうち少なくとも初期対応と暫定対応で、それぞれのフローチャートを作成することをお薦めします。

★フローチャートのメリット

フローチャートのメリットは、大きく二つあります。一つは、全体像を俯瞰的に見渡すのに便利ということです。危機発生時には、先が見えないまま次から次へと解決しなければならないことが出てきます。そんな時に全体観を持って行動できることは、少なからず自信と安心につながります。

もう一つのメリットは、危機時に別々のチームがそれぞれの対応を要される中、お互いの役割・位置づけを共有しつつ、相互の関連性も理解することが容易になります。

★フローチャートを作成する際の留意事項

フローチャートには最小でもA3サイズの紙を使用し、見やすさを重視します。また、併用するチェックリストと流れ（工程）を一致させます。

次頁の例では、担当メンバーの役割を縦軸に、時間軸を横軸に左から右へと作業が流れていく形式を紹介しています。

チャートの例

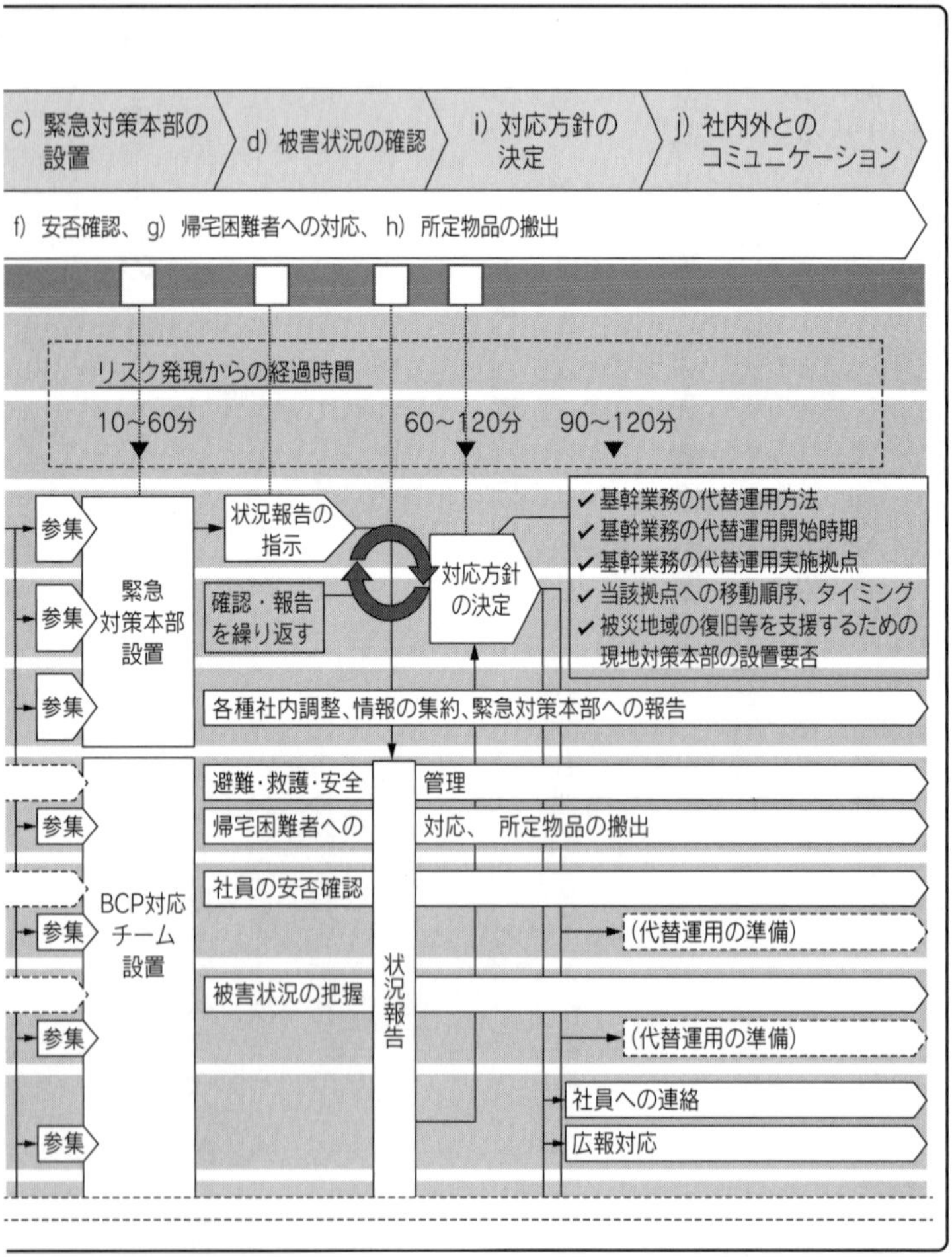

c) 緊急対策本部の設置
d) 被害状況の確認
i) 対応方針の決定
j) 社内外とのコミュニケーション
f) 安否確認、g) 帰宅困難者への対応、h) 所定物品の搬出
リスク発現からの経過時間
10～60分
60～120分
90～120分
参集
緊急対策本部設置
状況報告の指示
確認・報告を繰り返す
対応方針の決定
✓基幹業務の代替運用方法
✓基幹業務の代替運用開始時期
✓基幹業務の代替運用実施拠点
✓当該拠点への移動順序、タイミング
✓被災地域の復旧等を支援するための現地対策本部の設置要否
各種社内調整、情報の集約、緊急対策本部への報告
BCP対応チーム設置
避難・救護・安全管理
帰宅困難者への対応、所定物品の搬出
社員の安否確認
(代替運用の準備)
被害状況の把握
(代替運用の準備)
状況報告
社員への連絡
広報対応

■ 図表 2-2　**フロー**

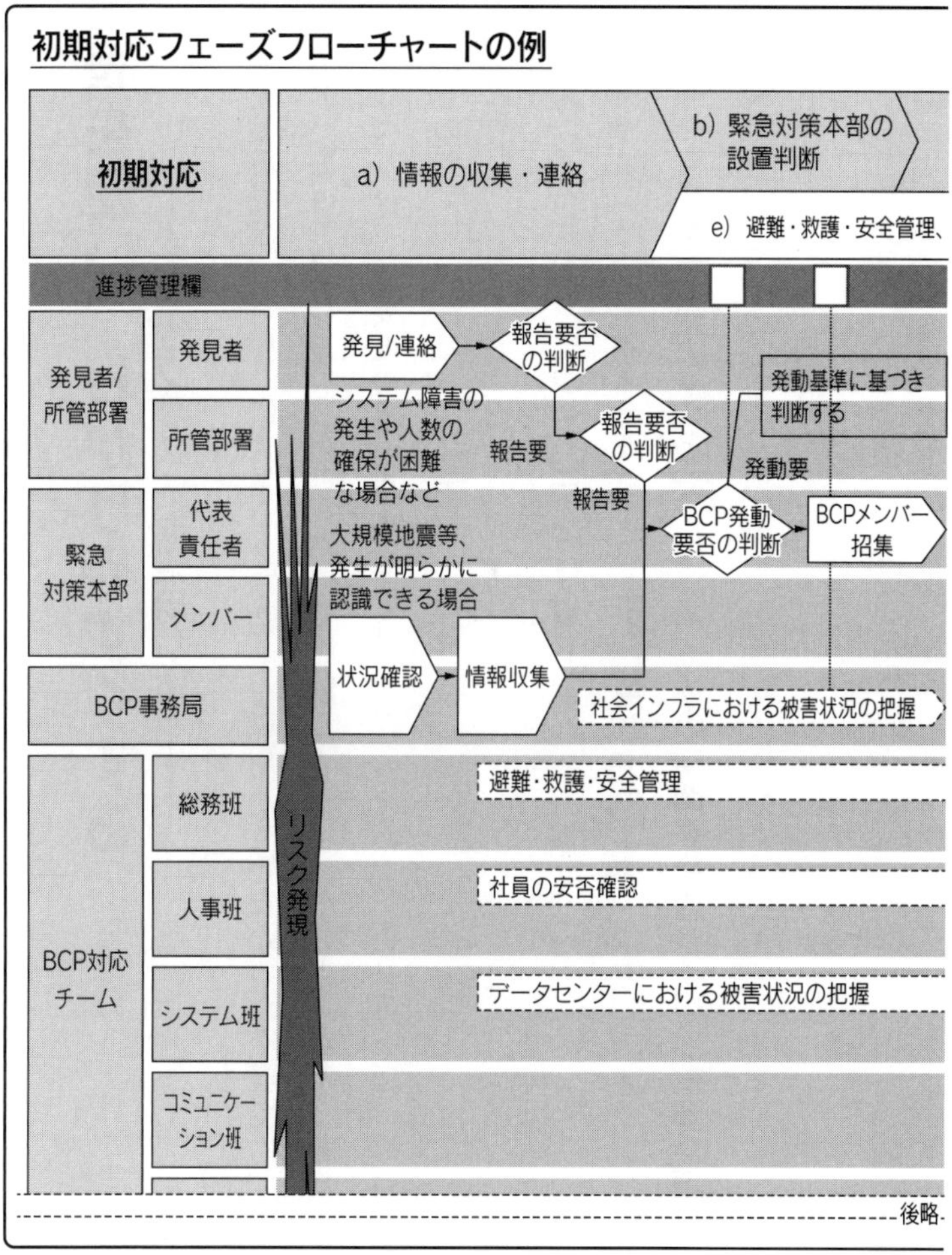
初期対応フェーズフローチャートの例
初期対応
a）情報の収集・連絡
b）緊急対策本部の設置判断
e）避難・救護・安全管理、
進捗管理欄
発見者/所管部署
発見者
所管部署
緊急対策本部
代表責任者
メンバー
BCP事務局
BCP対応チーム
総務班
人事班
システム班
コミュニケーション班
発見/連絡
報告要否の判断
システム障害の発生や人数の確保が困難な場合など
報告要
報告要否の判断
報告要
発動基準に基づき判断する
発動要
BCP発動要否の判断
BCPメンバー招集
大規模地震等、発生が明らかに認識できる場合
状況確認
情報収集
社会インフラにおける被害状況の把握
避難・救護・安全管理
社員の安否確認
データセンターにおける被害状況の把握
リスク発現
後略

3 図表を使い、わかりやすくする
――チェックリストを活用しよう――

東日本大震災では、BCPにチェックリストを採用していなかった企業でも、ホワイトボードにTO-DOリストを書き上げて危機対応を行ったケースが多くあります。チェックリストは、重要度の高い事項を取りまとめたTO-DOリストで、平時から準備したものです。

★チェックリストのメリットとデメリット

フローチャートは、全体像を理解することに優れています。一方、チェックリストは、具体的な作業を記述することで、検討のための**時間を節約**しつつ、**重要な項目の漏れを防ぐ**ことにとても有効です。

ただし、デメリットもあります。必要としない項目まで機械的にチェックしてしまう場合、**逆に時間を無駄にしてしまう可能性**があることです。また、チェック項目に頼り過ぎると、**大きな問題を見落としてしまう**こともあり得ます。

★チェックリストを作成する際の留意事項

チェックリストを作成する上での留意事項は次の通りです。

□ **シンプルな言いまわし**にする
□ 「**誰が**」「**何を**」行うかを明確にする
□ **関連マニュアル等への参照がわかりやすい記載**にする
□ **論理的な構成・流れ**にする（例えば時間軸など）
□ 作業単位ごと（例：「安否確認」）に**七つ以内の作業ステップにくくる**
□ 併用する**フローチャートと内容を一致**させる
□ 当事者による実地検証（ウォークスルー）により、内容の**正確性を確認**する

（初期対応フェーズの場合）

実施担当者（部門）						備考
緊急対策本部	BCP対応チーム					
	BCP事務局	総務班	人事班	システム班	…	
	●					
						番号○○○○○○○○○
						①内線○○○○○　②番号○○○○○○○○○
						①内線○○○○○　②番号○○○○○○○○○
	●					
						①番号○○○○○○○○○　②番号○○○○○○○○○
						①番号○○○○○○○○○　②番号○○○○○○○○○
						①番号○○○○○○○○○　②番号○○○○○○○○○
						①番号○○○○○○○○○　②番号○○○○○○○○○
						①番号○○○○○○○○○　②番号○○○○○○○○○

■ 図表 2-3　**チェックリストの例**

チェック欄	実施内容
a) 情報の収集・連絡	
レ	BCP事務局は、緊急対策本部の設置のための情報を収集する ＜情報の収集先＞ －本社に関する情報→ビル管理会社 －工場と物流センター→オペレーション本部 －システム→情報システム本部
b) 緊急対策本部設置判断	
レ	BCP事務局は、収集した情報を緊急対策本部長に伝える ＜本部長候補＞ (1) 代表取締役社長 (2) ○○○○○ (3) ○○○○○ (4) ○○○○○ (5) ○○○○○

(後略)

コラム2

―すべては電気―

事業＝電気と言っても過言ではありません。非常時に特に重要となる通信機器も電気を使います。テレビ会議システムは典型です。携帯電話も、基地局の予備バッテリーは数時間程度しか持ちませんので、長期停電時には使えません。

あるＢＣＰ見直しプロジェクトでのことです。東日本大震災時に都内でＩＰ電話が活躍したということで、すべてをＩＰ電話に切り替えようという意見がでました。

ちょっと待ってください。**ＩＰ電話は停電になったら使えません。**

通信ツールだけではありません。災害時に必要となるものの多くに、電気が必要です。

災害対策本部になる部屋に、非常用電源は用意されていますか？　災害ニュースを把握するためにテレビは用意しておきながら、非常用電源の準備はしていない、ということはないでしょうか？　わたしたちは、気付かずに便利な電気社会に生きているのです。

＊＊＊

スマホをお使いの方に。スマホはご存知の通り電池の持ちがよくありません。ぜひ予備用バッテリーの購入を検討してください。二四時間対応できるバッテリーでも、数千円あれば手に入れることができます。

第3章

Communication

コミュニケーションで初動を乗り切ろう

はじめに

危機対応で最も重要なのが、コミュニケーションの確立です。**社内・社外のコミュニケーションを確立できれば何とかなる、**と言っても過言ではないでしょう。

この章では、次の**三つの観点**からコミュニケーションについて掘り下げます。

① 社内コミュニケーションを促す仕組み
▽携帯緊急カード
▽緊急対策本部
② コミュニケーションツール
③ 対外コミュニケーション

▶現状診断 3

	YES	NO
1. 初期動作と社内コミュニケーションに関して、簡潔に記載された携帯緊急カードを作成している	□	□
2. BCP の発動フロー、緊急対策本部の設置場所の確保、本部長の複数候補とメンバーを定めている	□	□
3. 緊急時の連絡手段として、有料・無料を問わず、複数の通信手段が用意されている	□	□
4. 危機発生時のコミュニケーション戦略を明確にし、そのために日頃から準備を行っている	□	□

1 携帯緊急カードのチカラ
――小さな働き者――

初動対応の鍵は、身の安全の確保、安否確認、そして組織との連絡方法などが周知されていることです。財布に入れられる携帯緊急カードはまさに強い味方となります。携帯緊急カードでは、安否確認方法や本社からの情報伝達方法などを記載します。

★非常時連絡先を記載する

大規模火災などの第一発見者の報告先として、**直通電話番号（ホットライン）や専用メールアドレス**を設けます。

★安否確認方法を記載する

安否確認の方法について、複数記載すべきです。被災直後にはあらゆる「想定外」

が起こります。

緊急時のための有料サービスでさえも使えないことがあります。例えば、大手セキュリティー会社が運営する有料の安否確認サービスが、東日本大震災では数時間遅延したということもありました。また、携帯電話は通じないと考えたほうがよいでしょう。

東日本大震災で活躍した無料のネットサービスなど、サービスの有料・無料を問わず、**緊急時にはあらゆる手段を活用すべき**でしょう（図表3-2、3-3参照）。

★本社からの情報伝達方法を明記する

初動における安否確認だけではなく、その後の社内での連絡方法を決定しておくことも重要です。特に本社などからの指示について、例えば「イントラネットを通じて」「メールを通して」あるいは「ツイッターで」など、指示方法を具体的に明記します。

★緊急事態発生時の行動指針を明記する

東日本大震災で被災された従業員へのインタビューでは、危機発生直後の組織の行動方針について共通した意見がありました。個々の従業員にとって、目の前の業務を優先すべきなのか、帰宅するなどして自身や家族の安全を優先すべきなのかという判断をしかねる、というケースがあるのです。

「個人の判断を優先し、会社はその判断を尊重する」旨を明記することがポイントです。

★被災時の初期行動は教育・訓練で対応しよう

地震や火災が起きた場合の初期行動について、カードに記載するケースがあります。ただし、初期動作については後述する教育や訓練などを通じて体に染み込ませることがポイントとなります。したがって、教育や訓練を十分に行っている場合には、これらの記載はなるべく少なくし、カードはできるだけシンプルなものにします。

■ 図表 3-1　**携帯緊急カード（一般従業員用）の例**

緊急連絡

★**ステップ1：第一発見者はBCP事務局に連絡**
緊急連絡ホットライン：○○○-○○○○-○○○○

★**ステップ2：安否確認&緊急連絡方法**
A. 安否確認サービスによる連絡（必須）
1）安否確認メール、または
2）インターネット（○○○.com/login）、または
3）電話：03-○○○○-○○○○
B. 業務ラインにおける連絡（必須）
所属上長：＿＿＿＿＿＿＿＿＿＿＿＿＿＿
第2候補：＿＿＿＿＿＿＿＿＿＿＿＿＿＿

LINEやスカイプも使おう！

表

非常事態行動指針

★**本社からの情報伝達方法（出社指示など）**
メール、イントラネット、ツイッターで指示を行います

A. 電子メール
会社配布携帯電話に必要な情報をメールにて伝達します

B. イントラネット
毎日18：00以降に確認してください

C. ツイッター（メール連絡がなく、Bにもアクセスできない場合）
ツイッターでも随時告知もします（毎日18：00以降に確認）

- 自身と家族の安全を最優先すること（原則、自宅待機）
- 上記のための行動の結果については、会社はいかなる責任も問いません

裏

2 緊急対策本部の設置と権限委譲

ＢＣＰでは、全社における意思決定とコミュニケーションの要となる緊急対策本部の迅速な設置がポイントです。そのために、ＢＣＰの発動フロー、緊急対策本部の設置場所の確保、本部長とメンバーの陣容についてあらかじめルールを定める必要があります。

★ＢＣＰの発動フローにおけるポイント

危機発生後の初期動作の成功は、もちろん現場での迅速で的確な判断と行動によります。そして、経営トップへの素早い報告が、その後の全社的な対応とＢＣＰを左右します。

一刻を争う緊急時において、平時の報告ラインに従っていては時間のロスになります。非常時には、通常の報告ラインを超え、**経営トップ（あるいはＢＣＰ事務局）への直接的な報告ルートを設けること**がポイントになります。

特に、本社で被災状況をタイムリーに認知、あるいは実感できないような遠隔地で起こった災害では、この非常時のための報告ルートが重要になります。

★休日夜間での発動フローも重要

土日・祝日と夜間を考えれば、一週間のうち、**七〇％以上は勤務先以外**にいることになります。すなわち、休日や夜間に災害が発生する確率が高いということです。休日や夜間でのＢＣＰの連絡フローとメンバー参集方法についても、あらかじめ決定しておきます。

★緊急対策本部の設置場所

設置場所候補は、安全面や移動距離などを踏まえて複数選定します。非常用電源と通信設備なども含めた備品・備蓄を整備します。

また、**被災地での現地対策本部の設置や、顧客が集まる支店や営業店などがある場合には、権限委譲を迅速に実施する必要があります。**銀行などでは、本部に加え、営業店機能の一部を代替する事務センターにも対策本部を併設することも、東日本大震災では見られました。

★緊急対策本部の本部長

緊急対策本部の本部長は社長とは限りません。**社長の不在・不通も念頭に、最低でも第五位までの代行者を決めておく**べきです。

★緊急対策本部のメンバー

緊急対策本部のメンバーについては、意思決定の要となる経営陣はもちろんですが、あわせて**機動力の高い若手を多く揃える**べきです。ＢＣＰ対応では、フットワークのある意思決定の早さに加え、フットワークを活かした実行力が成果を生みます。

★本社移転や権限の自動移譲

停電などにより本社での機能停止と通信不通を想定し、例えば、遠隔地にある中核支社とその責任者に、**一時的な本社機能の移転と権限を自動委譲するルール**を定めておくべきです。

3 コミュニケーションツール

地震発生時には、固定電話や携帯電話は回線の混雑や発信規制により利用できにくくなります。IP電話は停電時には使えず、比較的堅牢と言われているメールも停電の場合には使えなくなることがあります。有料の安否確認サービスでさえ機能しない場合があります。

「絶対に使える」というコミュニケーションツールはありません。

有料・無料を問わず、**複数の手段を用意しておくことが重要**です。内線電話、携帯電話、メールやイントラネットなど、複数の連絡方法を用意することが必須です（図表3-2参照）。重要な拠点には、衛星電話などを用意しておくことも有用です。

■ 図表 3-2　**コミュニケーションツールの例**

手段	有効度	特徴
PHS	◎	ユーザー数が少ないため、3月11日以降も通信規制は軽微だった。PHS同士なら、通話が可能な確率は一層高い
ツイッター、フェイスブックなどのSNS	◎	インターネット上のサービスのため、通信事業者提供のサービスより、アクセスの集中度が低く、有効に機能しやすい
災害伝言掲示板、災害伝言ダイヤル（171）	○	通常の通話よりも優先的に繋がる設定。ただ、操作方法など、事前の確認が望ましい
携帯メール	△	通話よりも帯域の占有率が低いため、通信規制が少ない。ただし、通信量が集中すれば、配信は遅れる
固定電話、公衆電話	△	通信規制が少ない傾向。特に、公衆電話は規制の対象外
ショートメッセージサービス（SMS）	×	通話と同じ回線を使用するため、通話者による帯域占有の影響が直撃

出所：『週刊東洋経済』2011年3月26日を一部修正

★テレビ会議システム

東日本大震災では、テレビ会議システムが威力を発揮しました。音声のみの電話とは違い、映像を共有できるテレビ会議では**相手の顔が見えます。緊迫感が伝わり、より正確なコミュニケーションが可能になります。**

視覚的なインパクトというのは馬鹿にできません。東日本大震災後における見直しプロジェクトでの従業員インタビューでも、沿岸部にいた従業員が、携帯電話のワンセグで津波のニュースを見て初めて、自分が危険な状況にいることを認識し、急いで避難したということもありました。

★インターネット

東日本大震災では、個人だけでなく、企業でもインターネットの公開サービスを使った「社内」コミュニケーションが行われました。

例えば、ポニーキャニオンでは、「ツイッター」と呼ばれるネット上での「つぶやき」により、本社から従業員に対して指示が行われました。

また、ＢＣＰ見直しプロジェクトでの従業員インタビューでは、「フェイスブック」という交流サイトが、営業店における上司と部下の間の安否確認の代替手段として活用された例もありました。

スカイプなどの無料のインターネット電話を、携帯電話の代わりに使う場合もありました。

★スマートフォン

スマートフォン（スマホ）が脚光を浴びています。スマホでは、通常の携帯電話の機能のほかに、インターネットのサービスが使えます。通常の携帯電話番号を使う音声回線とは別に、スカイプなどのインターネット電話を使うことができます。最近では、ＬＩＮＥ（ライン）というスマホ用のインターネット電話が登場し、爆発的なスピードで普及しています（コラム３を参照）。

一方、**スマホも万能ではありません。スマホの普及とともにデータ量が急増しており、もしもの時に使えなくなる可能性**も考えられます。とはいえ、その弱点を割り引いてもスマホはお勧めです。

スマホの優れた点は、実は通信以外のアプリにあります。

例えば、**避難場所への誘導アプリ**は複数公開されており、無料で入手することができます。また、**懐中電灯**などのアプリもあります。

■ 図表 3-3　**スマホアプリの例**

アプリ名	特徴
Skype	世界的に最も普及しているネット電話。パソコンでも利用可能。携帯電話や一般電話に電話が可能。一方、スカイプのアカウントに電話した場合、電話の相手がアプリを起動していなければ通話ができないことが難点
LINE	東日本大震災後に登場した無料ネット電話。電話の相手がアプリを起動していなくとも、携帯電話のように通話が可能。ショートメッセージ機能もある（コラム3を参照）。
防災情報　全国避難所ガイド	全国の避難所検索・ルート案内、最新の気象警報・地震情報などを表示
懐中電灯	カメラのフラッシュライトを使って懐中電灯のように動作（スマホの機種によっては標準装備）

4　対外コミュニケーション

災害時には、情報が決定的に不足します。あるいはデマが流れます。とにかく状況の可視化のために、積極的に対外発信を行う必要があります。危機発生後の早い段階で、顧客、取引先、周辺住民、自治体、関係当局などと情報を共有することが重要です。

★日頃からの準備

外部との連絡を確実・迅速に実施するためには、次のように平時からの準備が必要です。

□ **連絡担当者の複数配置**
□ **社外連絡先リストの作成**（連絡先番号、窓口となる部署または担当者名まで記載）
□ **社外連絡票の作成**（伝えるべき情報と確認すべき情報を記載する。復旧するタイミング、関係機関側の被災状況の確認、支援の要否を判断するための情報など）

★危機発生後の広報

危機発生後には、災害対策本部の広報班などが、次のような対応を迅速に行います。

□ **フリーダイヤル**の開設
□ インターネット（**ホームページ**や**ツイッター**など）での告知
□ マスメディア（**地元テレビ**、**新聞**）を使った告知

東日本大震災においてマスメディアを使った告知の例としては、被災した地方銀行がテレビのテロップを利用して営業状況を告知したケースがあります。

コラム3

「LINE」
―スマホで使えるコミュニケーションツール―

LINE（ライン）と呼ばれる、スマートフォンから無料で通話やメールができるアプリが話題になっています。

サービス開始のきっかけは東日本大震災。大規模災害時でも簡単に連絡を取り合えることを目指したものです。

サービスの開始からわずか一年しか経っていませんが、なんと利用者の数は二〇一二年七月時点で四千五〇〇万人。「利用者は（二〇一二）年内に一億人に達する見通し」です。（日経新聞、二〇一二年七月二三日朝刊）

ラインが既存のネット電話と違うのは、**電話の相手がアプリを起動していなくとも、携帯電話のように通話が可能**なことです。

その他の特徴としては、携帯電話のように**ショートメッセージ機能があり、重い音声通信に比べ、災害時のデータ量混雑時にも比較的スムーズに連絡が取れそう**です。

スマホのアドレス帳に登録した知人同士しか登録できないこともポイントです。

気をつけなければいけないのは、**万能な通信ツールはない**ということ。特にラインのように急拡大しているサービスでは、**混雑時にサーバーがダウンする可能性もありますので、ラインだけに頼ることはお薦めしません。**スカイプやその他の無料ネット電話などとともに、あくまで一コミュニケーションツールとして参考にしてください。

第4章

People

リーダーシップと現場力を活かそう

はじめに

ＢＣＰを実行するのはあくまで「人」です。これまで紹介してきたシンプルなＢＣＰや通信手段は、人間のフットワークを活かすためにあるものです。極論すれば、災害時には、リーダーシップと現場力がすべてと言っても過言ではないと思います。

普段からできないことは、危機の時にもできない。

逆にいえば、**普段から準備しておけば、危機も乗り越えられます。**本章では、フットワークを最大限活かすための、平時の教育と訓練について紹介します。

また、現場力を保つ**メンタルケア**や**地域との協力**についてＢＣＰで網羅すべきポイントも本章で取り上げます。

▶現状診断 4

	YES	NO
1. 被災時における初期動作、通信手段、暫定復旧活動などについて、教育・啓発活動を実施している	□	□
2. 危機発生時の予想外の事態にも対応できるように、定期的に経営陣による意思決定訓練を行っている	□	□
3. ストレス対策など、従業員に対するメンタルケアについてBCP に盛り込んでいる	□	□
4. 自然災害において、地域住民や自治体などへの貢献策についてBCP に盛り込んでいる	□	□

1　教育

あるＢＣＰ見直しプロジェクトの従業員インタビューでは、東日本大震災で被災した**従業員のほとんど誰も、ＢＣＰの存在を知らなかった**ケースがあります。いくら素晴らしいＢＣＰを策定しても、いくら無料で使える便利なコミュニケーションツールがあっても、知らなければ意味がありません。

教育・啓発活動では、災害の**基礎知識**、有事の際の**初期動作**（身の安全の確保）や**コミュニケーションの方法・手段**などを網羅します。

★教育・啓発活動のポイント

教育・啓発活動で重要なことは、**対象者の興味と関心を引き、内容を覚えてもらう**

ことです。そのために、内容は身近なもので、知識欲をくすぐり、受け身ではなく積極的に参加できることがポイントです。例えば、集合研修では次の工夫が必要です。

□ **個人の安全に関連させる。**例えば、「**イザという時のサバイバル方法**」といった内容で、「揺れたらどうするか？　安否確認はどうするか？　どうやって帰宅するか？　どうやって生活するか？」などを取り上げます

□ **知識欲をくすぐり、ワクワクさせる。**例えば、**最近のスマホのアプリを紹介**する。「今から備えるスマホ活用術」を実演しながら紹介するのもよいでしょう

□ 集合研修にて**体を使うロールプレイなど**を実施できれば、体感により記憶が深まります

右記の工夫に加え、研修終了後は**必ずアンケートなどを取り、実施内容を評価する**ことです。今後の教育活動に活かすことがポイントです。

2　訓　練

訓練には二つの目的があります。一つは、訓練を通して役職員に頭と体でＢＣＰを覚えてもらうことにあります。

もう一つは、ＢＣＰが本当に機能するかどうか、無理、無駄、モレがないかなどを確認します。ＢＣＰを策定した「だけ」では、**必ず形骸化します。策定後すぐに（かつ定期的に）**、ＢＣＰのチームメンバーによるＢＣＰの**読み合わせ**、手続きの**実地テスト（実演）**、あるいは**シミュレーション**を行います。

なお、実演を兼ねたイメージトレーニングであるシミュレーションは、非常に効果があります。後述の「経営陣向け意思決定訓練」にて詳しく紹介します。

★訓練実施のポイント

よくある防災訓練では、その効果が疑わしいケースがあります。効果を出すには、それなりの工夫が必要です。次の項目は、訓練実施におけるポイントの一例です。

□ **シナリオは毎回変え、効果のでやすい訓練を優先**する。マンネリ化した「いつもの」防災訓練を行っていないでしょうか

□ **リアルな状況で実施**する。例えば、回線が不通となりやすい大規模地震を想定しながら、携帯電話を使った安否確認訓練を行っていないでしょうか

□ **シンプルに実施**する。ＢＣＰのすべてを訓練するにはあまりに時間がかかります。パーツに分け実施しやすくすることが、結果的に高い定着化につながります

右記の工夫に加え、訓練終了後は**必ずアンケートなどを取り、ＢＣＰの改善につなげることが重要**です。また、**訓練の実施内容を評価**し、今後の訓練に活かすことがポイントです。

計画の例

初期対応フェーズ

暫定対応フェーズ

緊急携帯カードの使い方
安否確認・連絡方法
BCPの取組み
など

BCP読み合わせ

社内外
コミュニケーション

代替オフィスへの移動

緊急対策本部設置

個別業務代替対応
（手作業など）

緊急対策本部参集
（徒歩など）

システム暫定対応
・システム切替え
・システム切戻し

被害状況確認・報告シミュレーション＆経営陣意思決定

■ 図表 4-1 **教育・訓練**

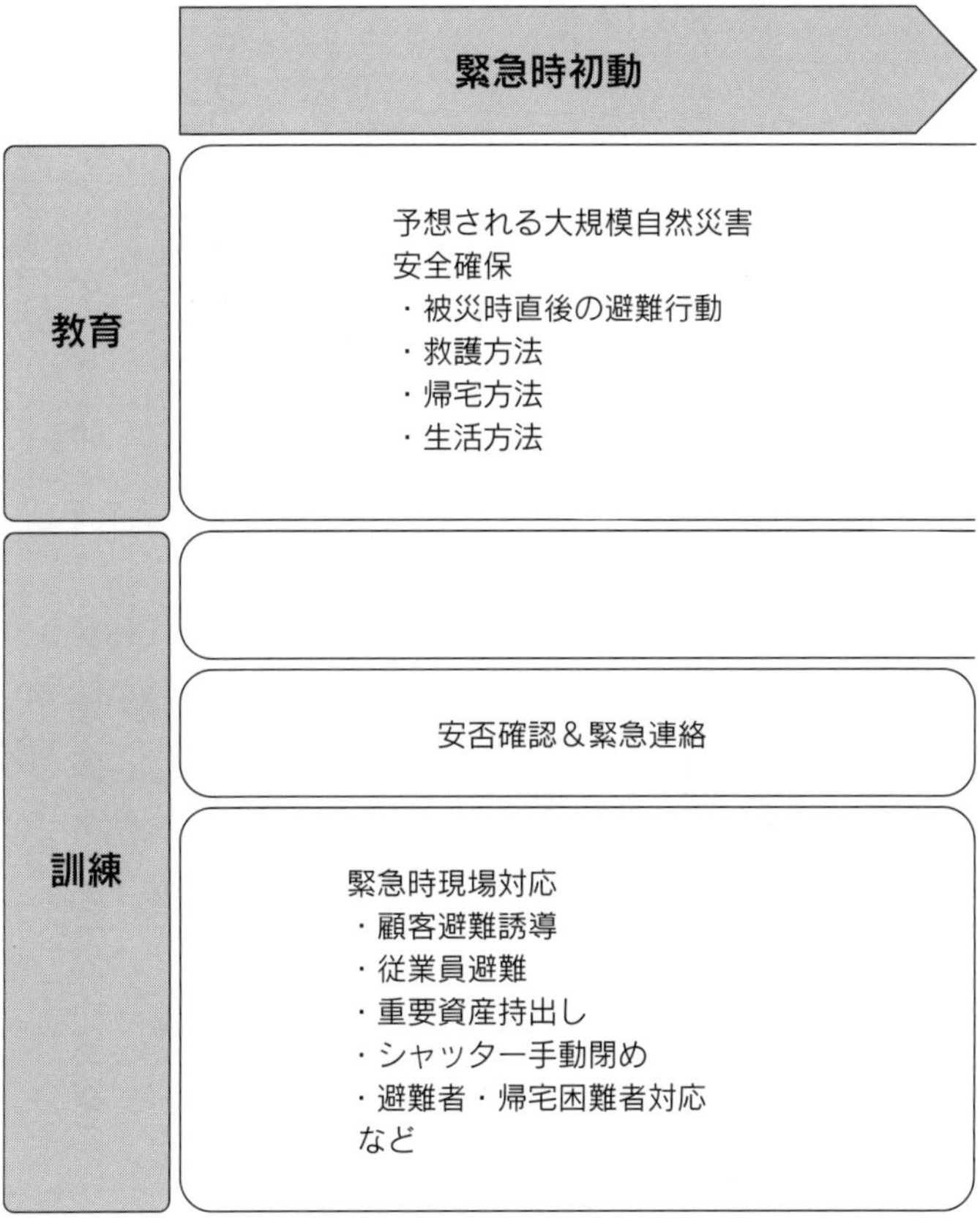
緊急時初動
教育
予想される大規模自然災害
安全確保
・被災時直後の避難行動
・救護方法
・帰宅方法
・生活方法
訓練
安否確認＆緊急連絡
緊急時現場対応
・顧客避難誘導
・従業員避難
・重要資産持出し
・シャッター手動閉め
・避難者・帰宅困難者対応
など

★安否確認訓練を実施する

比較的実施しやすく、かつ基本的な訓練が安否確認です。安否確認訓練では、安否確認システムを導入している場合には、それを使用しつつ、携帯電話やインターネット電話など**各種コミュニケーションツールを併用してください**。

左記は、安否確認訓練で発見された課題の一例です。

▽安否確認システムの使用方法を知らない管理職が多く、情報収集に手間取った
▽未確認者のフォロー、対応方法がわからなかった
▽出張中、休暇中の者への連絡方法と確認方法が未検討だった
▽本部連絡窓口が一名のみで、窓口担当者が不在時の対応が不明だった
▽安否確認の対象が正社員のみで、派遣スタッフや業務委託者等が漏れていた

★経営陣向け意思決定訓練とは

経営陣による意思決定訓練の重要性が高まっています。二〇一二年一月に日本銀行が発表した「東日本大震災において有効に機能した事例と同震災を踏まえた見直し事例」においても、経営陣による意思決定訓練を取り上げています。

実施方法は、**発生確率が高くリアルな自然災害**を取り上げます。例えば「首都直下地震」をもとに、各BCP対応チームから、各担当の被災状況などを報告させます。災害対策本部に集まった経営陣は、一定時間内（例：二時間）に、例えば「社員の安全」や「製品の安定供給」に関する初動対応についてディスカッションします。そして、限られた時間内に対応方針を決定するわけです。

★経営陣向け意思決定訓練でのメリット

意思決定訓練でのメリットは、次の通りです

▽「考えさせる」イメージトレーニングの効果により、**想定外の事象についても対応力を養える**

▽**BCP対応チームも、各自で具体的な被災シナリオを練ることで、イメージトレーニングにつなげられる**

▽**経営陣のBCPに対する意識向上につなげられる**

この効果が一番のメリットです。意思決定訓練により、経営者自身がBCPを理解し、コミットメントを持ってくれることが最大のポイントです。

★経営陣向け意思決定訓練でのコツ

経営陣向け意思決定訓練でのコツは、リアルなシナリオを作成することはもちろんですが、実施の際は、内容を事前に漏らさないことが重要です。**完全にサプライズな状態で行う**ことがポイントです。

また、進行役となる**ファシリテーターを設置**し、うまく時間管理をしながら結論に持っていくことが重要です。あわせて**第三者の観察役を設置**することもポイントです。

■ 図表 4-2 経営陣向け意思決定訓練の例

訓練の目的	①BCPの周知と、チームのBCPに対する意識向上 ②イメージトレーニングにより、対応力を強化する
ゴール	BCP対応チームにより報告された限定的な情報をもとに、主にBCPの基本方針である①「社員の安全」と、②「製品の安定供給」に関する初動対応についてディスカッションし、2時間以内に対応方針を決定
想定シナリオ	上町断層帯地震（M7.6の大阪直下型大地震）。最大被害は死者4万2千人、負傷者22万人、帰宅困難者200万人、全壊棟数97万棟、避難者550万人、経済への被害74兆円を想定（内閣府中央防災会議、2007年11月）
訓練当日のスケジュール	12:55 地震発生(館内放送にてアナウンス) 13:00-14:00 各BCPチームから被害報告を受ける 14:00-14:45 対応方針についてのディスカッションと対応方針を決定 14:45-15:00 外部観察者からのフィードバック

3 メンタルケア

役職員のフットワークを活かすには、みなが元気でなければなりません。体力的な面はもちろんのこと、ストレス対策や長時間労働対策も軽視できません。

★経営トップの関与が鍵

被災地に経営トップが訪問することは大きな意味を持ちます。例えば、東日本大震災では企業のトップが震災直後から被災地を訪問し、現場との信頼関係を築いたことが多かったかと思います。

一方、BCP見直しプロジェクトにおける被災地インタビューでは、経営トップが来訪しないことへの強い不満を聞いたケースもあります。**経営トップの積極的な関与が、従業員のモチベーションとメンタル維持の鍵**となります。

★ストレス対策を備える

食べるものはゴルフボール大のおにぎりだけ。長期間、水の使えない職場では、トイレの臭いが充満。そして過剰な残業…。

東日本大震災でもみられたように、従業員の心理的なストレスは相当なものになります。特に避難生活を強いられている従業員にとっては、同じ状況が職場以外においても起こっているわけです。そのために、特にストレス対策は重要です。

産業医との連携は当然ながら、すぐにできるストレス対策として、従業員ヒアリングやアンケートの実施により、従業員の声に耳を傾けるだけでも一定の効果がでるのではないでしょうか。

★見舞金と非常時貸付のルールを決めておく

大規模な自然災害で一番必要になるのは何でしょうか？

それはお金です。見舞金などを迅速に支給する仕組みを、平時から整えておきましょう。

4 地域との協調、地域への貢献

大規模な自然災害などの場合、地域住民や周辺自治体との協調は不可欠です。さらに言えば、この**地域との協調により信頼（＝ブランド力）が生まれ、それこそが「事業継続」の源**と言えます。

地域住民への施設の開放や義援金に関して、基本方針や平時からの準備についてBCPで取りまとめておくことで、いざとなった時に目に見える地域貢献を迅速に行うことができます。

★施設の開放と備蓄に備える

避難者に対して自社の施設を開放することは、最低限のことと言えます。セキュリティーに厳しい銀行でさえも、そうした取り組みを実施したケースがあります。例えば、東日本大震災において、東北のある地方銀行では、お客さまが宿泊できるように一部の店舗を解放しました（社用車による搬送で帰宅支援も実施）。

ここで留意したいのが備蓄です。地域住民との結びつきが強い企業は、是非、**一般の避難者を受け入れる、あるいは地域への支援物資としての備蓄を行っておく**ことがポイントです。なお、食料品は賞味期限があり、最終的に廃棄になるかもしれません。一方、基本的な**生活用品や毛布等**は腐りません。せめてそれらの備蓄は、従業員以外の分も必要でしょう。

★義援金の方針を決めておく

企業のＢＣＰにとって、大規模な自然災害が発生した場合の義援金はなくてはならないものでしょう。ただし、そんな時は、自社も被災しており、なかなか義援金までは気がまわらないものです。

また、義援金の提供先や金額についてもなかなか決められないものです。そこでＢＣＰにより、**平時より義援金の実施内容を定めておくことがポイント**です。

コラム4

―記録を取る、記録を活かす―

東日本大震災を受けて、被災企業のＢＣＰ見直しの支援を行ってきています。その際に行う課題分析では、直接被災した役職員や復旧対応を行った方々へのインタビューを通して、実体験に基づいた情報を吸い上げます。

被災時の対応記録のレビューも行います。対応記録には、対策本部での議事録などがあります。ある製薬企業では、震災直後から本社と中核支社にいた経営陣による意思決定などのやりとりについて、克明に記録を残していました。ＢＣＰの全面見直しに大きく役立ったことは言うまでもありません。

一方、議事録とは別に当時の体験を振り返って記録として残す、東邦銀行のような例もあります。東邦銀行では、東日本大震災での総括や各営業店の対応について、二冊の冊子にまとめています。いずれも同行のホームページにて、ＰＤＦファイルを入手することができます。

★東邦銀行での東日本大震災の対応などをまとめた冊子

①「東日本大震災の総括」
同行における震災対応全般の記録。ＢＣＰ見直しの方向性についても記載。

②「東日本大震災の記憶～現場からの声～」
同行営業店の対応と従業員の声についての記録。

最終章

BCPのフレームワーク

1　ISO22301

二〇一二年五月一五日に事業継続マネジメントの国際規格であるISO22301：2012が発行されました。これはISO9001やISO14001と同じように、マネジメントシステムとしての事業継続体制の構築・運用と、第三者の認証機関により定期的な審査を求めるものです。

なお、ISO22301では、BCPを事業継続マネジメントシステム（BCMS）と呼びます。

★ISO22301の実績

ISO22301はまだ始まったばかりですが、BS25999という英国規格協会により発行された事業継続マネジメントシステムのもと、二〇〇七年より認証が行われています。日本国内でも三十社程度がＢＳ２５９９９の認証を受けています（二〇一二年四月現在）。今後、ＢＳ２５９９９の認証基準はＩＳＯ２２３０１に移行される予定です。

★ＩＳＯ２２３０１のメリット

ＩＳＯ２２３０１のメリットは、ＢＣＰの定着化に役立つ**可能性**があることです。よくあるのはＢＣＰを作って満足し、その後形骸化してしまうことです。認証規格の場合、外部審査という強制力のもと、必然的に教育・訓練や継続的改善が行われます。

★ＩＳＯ２２３０１の前に考えること

ＩＳＯ２２３０１を取得すれば安心でいられるかというと、決してそうではありません。ＩＳＯ２２３０１も「弁当箱」です。人間のフットワークをいかに活かすかを考えなければ意味がありません。危機の時にはなおさらで、「人間の力」が問われます。それを前提に、**フレームワークに使われずに、使いこなす**ことが重要です。

2 その他のガイドライン等

本セクションでは、国内のＢＣＰのガイドライン等について、参考情報として紹介します。各ホームページで公開されている東京商工会議所の『東京版「中小企業ＢＣＰステップアップ・ガイド」』や、中小企業庁の「中小企業ＢＣＰ策定運用指針」などは、ボリュームのある内容になっています。

また、金融では日本銀行が、金融機関の業務継続体制について熱心な調査・報告を行っています。

なお、特定の原因事象に特化したＢＣＰ（例：インフルエンザＢＣＰ）については、本書の主張である「結果事象アプローチ」の観点から対象外としています。

★全般（メーカー含む）

▽事業継続計画策定ガイドライン（経済産業省、二〇〇五年）
▽ＩＴサービス継続ガイドライン（経済産業省、二〇〇八年）
▽事業継続ガイドライン（内閣府）
▽災害に備えよう！みんなで取り組むＢＣＰ（事業継続計画）マニュアル第二版〈東京版「中小企業ＢＣＰステップアップ・ガイド」〉（事業継続推進機構・東京商工会議所、二〇〇九年）
▽中小企業ＢＣＰ策定運用指針第二版（中小企業庁、二〇一二年）

★小売業

▽商社ＢＣＰガイドライン（日本貿易会、二〇〇七年）
▽百貨店のためのＢＣＰガイドライン（日本百貨店協会、二〇〇七年）

★商社

▽商社ＢＣＰガイドライン（日本貿易会、二〇〇七年）

★建設業

▽建設ＢＣＰガイドライン第二版（日本建設業団体連合会、二〇〇六年）

▽地域建設業における「災害時事業継続の手引き」（全国建設業協会、二〇〇九年）

▽建設会社のための災害時の事業継続簡易ガイド（国土交通省　関東地方整備局、二〇一〇年）

★不動産業

▽不動産協会事業継続計画ガイドライン〜オフィスビル賃貸事業編〜（不動産協会、二〇〇七年）

★銀行・金融全般

▽金融機関における業務継続体制の整備について（日本銀行、二〇〇三年）
▽リスク管理と金融機関経営に関する調査論文「業務継続体制の実効性確保に向けた確認項目と具体的な取組事例（増補改訂版）」（日本銀行、二〇一〇年）
▽東日本大震災において有効に機能した事例と同震災を踏まえた見直し事例（日本銀行、二〇一二年）

★証券業

▽会員の緊急時事業継続体制の整備に関するガイドライン（日本証券業協会、二〇〇五年）
▽証券市場全体のＢＣＰ整備のための取組みについて（日本証券業協会、二〇〇六年）

参考文献

『パイロットが空から学んだ危機管理術』坂井優基（インデックス・コミュニケーションズ）
『「想定外」に備える企業災害対策マニュアル』キャスリン・マッキー、リズ・ガスリッジ（翔泳社）
『AERA増刊 震度7を生き残る』二〇一二年四月二五日号（朝日新聞出版）
『ITで実現する 震災・省電力BCP完全ガイド』日経コンピュータほか編集（日経BP社）
『東日本大震災の総括』（東邦銀行）
『東日本大震災の記憶 ～現場からの声～』（東邦銀行）

■著者略歴

池田　悦博（いけだ・えつひろ）

---

iX ソリューションズ株式会社　代表取締役
「フレームワークからフットワークへ」を提唱。単なるマニュアルになりがちな BCP を、組織と人材力の観点から再構築。シンプルな BCP に共感する大企業からオーナー企業まで、幅広く支援している。体感型の経営陣向け訓練や従業員トレーニングにも注力している。

マインドフルネスのエキスパートでもあり、人材力向上につなげている。

カリフォルニア大学バークレー校経営学部卒業。ニューヨーク勤務を経て、Big 4 系コンサルティング会社の COO を務める。2015 年より現職。

講演、研修、コンサルティング等の依頼は info@ixsolutions.jp まで。

著者との契約により検印省略

平成24年10月1日	初 版 発 行
平成25年9月1日	初版第2刷発行
平成27年8月1日	初版第3刷発行
平成29年4月1日	初版第4刷発行
平成30年12月1日	初版第5刷発行
令和2年6月1日	初版第6刷発行
令和5年3月1日	初版第7刷発行

本当に使えるBCPはシンプルだった。
経営者のための3つのポイント

著 者	池 田 悦 博
発 行 者	大 坪 克 行
製 版 所	美研プリンティング株式会社
印 刷 所	税経印刷株式会社
製 本 所	牧製本印刷株式会社

発行所 東京都新宿区 下落合2丁目5番13号 株式会社 税務経理協会

郵便番号 161-0033 振替 00190—2—187408 電話 (03) 3953—3301 (編集代表)
FAX (03) 3565—3391 (03) 3953—3325 (営業代表)
URL http://www.zeikei.co.jp/
乱丁・落丁の場合はお取替えいたします。

ISBN978—4—419—05909—5 C3034